**Wir produzieren nachhaltig**
- Klimaneutrales Produkt
- Papiere aus nachhaltigen und kontrollierten Quellen
- Hergestellt in Europa

FSC www.fsc.org
MIX
Papier | Fördert gute Waldnutzung
FSC® C018236

4. Auflage 2023

– Originalausgabe –



ISBN 978-3-8303-4491-9



Cartoons: Sebby

Cover-Illustration: AngelSID by Shutterstock.com

Redaktion: Jessica Link
Herstellung: Monika Swirski

Folgt uns!
facebook.com/lappanverlag
Instagram.com/lappanverlag
**www.lappan.de**

# SCHWARZE WITZE!

## Witze & Cartoons

LAPPAN

# INHALT

# EINLEITUNG

**SCHWARZER HUMOR** – er ist böse, scharfzüngig und so verdammt witzig. Darf man das denn überhaupt: über alles lachen – sei es Tod, Armut, Herzschmerz, Gott, Mord und Glaube oder das Alter? Ja, man muss sogar. Denn nichts entspannt eine angespannte Situation wie ein wirklich **BÖSER WITZ**.

Das Wichtigste ist doch, dass man all den Ernst in unserem **ALLTAG MIT HUMOR** nimmt – je tabuloser, desto besser. Wir legen uns selbst so viele Ketten und Regeln auf, dass ein **BEFREITER, SCHAMLOSER LACHER** geradezu Balsam für die Seele sein kann.

Dabei ist die Gratwanderung zwischen **GESCHMACK** und Geschmacklosigkeit und die stete Gefahr, dass man sich selbst in einem Witz wiederfindet, doch gerade der **NERVENKITZEL** am schwarzen Humor.

Also schmökern Sie in diesem bitterbösen Buch, und denken Sie nicht an vermeintliche **TABUS** oder **VERBOTE**. Im Humor und in der Liebe ist schließlich (fast) alles erlaubt!

# FAMILIE

**„Mami, darf ich ein bisschen mit Opa schaukeln?" „Nein, der bleibt hängen, bis die Polizei kommt!"**

Mein Opa wollte nie was wegwerfen. Leider starb er durch eine Handgranate.

Eine Frau fragt Fritzchen: „Wo ist deine Mutter?"
Fritzchen: „Vom Trecker überfahren!"
Frau: „Du Armer – und dein Vater?"
Fritzchen: „Vom Trecker überfahren!"
Frau: „Und deine Geschwister?"
Fritzchen: „Vom Trecker überfahren!"
Frau: „Um Gottes Willen! Du armes Kind, was machst du denn dann den ganzen Tag so allein?"
Fritzchen: „Trecker fahren!"

Meine Freundin: „Du wirst irgendwann ein super Vater!"
Ich: „Und du wirst irgendwann eine ganz tolle Mutter!"
Unser Sohn aus dem Keller: „Wann? WANN?"

**Ich glaube, du hast deine Schwiegermutter um Haaresbreite verpasst. Du solltest schnell noch mal nachladen.**

MEINE FRAU SAGT, ICH BEHANDLE EINES UNSERER KINDER UNFAIR. ICH FRAGTE: WELCHES? MAX, PAUL ODER DAS FETTE HÄSSLICHE?

WAS WILLST DU MAL WERDEN, WENN DU GROSS BIST?
IS' DOCH WURST, WAS AUS MIR WIRD!

**„Aber Manfred, wieso hast du das Kinderbett so hoch gebaut?" – „Damit wir immer hören, wenn unser Kind aus dem Bettchen fällt!"**

Die Ehefrau kommt von einer langen Geschäftsreise spät nachts nach Hause. Im Schlafzimmer bemerkt sie zwei Paar Füße aus der Bettdecke ragen, anstatt nur eines. Sie holt sich den Baseballschläger und drischt drauf ein, immer wieder, bis die Schreie und das Wimmern verstummen. Sie geht eine Etage höher ins Wohnzimmer, wo sie von ihrem soeben aufgewachten Mann begrüßt wird: „Hallo Schatz, meine Eltern sind zu Besuch, also dachte ich, dass sie besser in unserem Schlafzimmer untergebracht wären. Ist doch okay, oder?"

Sohn zum Vater: „Papa, kannst du mir deine Taschenlampe leihen? Ich und meine Freunde haben heute Abend eine Verabredung mit Mädchen im Park."
Vater: „Dafür brauchten wir damals keine Taschenlampe."
Sohn: „Tja, so sieht Mama auch aus."

**Warum reisen siamesische Zwillinge gerne nach England?**
**– Damit auch der andere mal fahren darf.**

Fee: „Du hast **drei Wünsche frei**."
Der glückliche Mann nach kurzem Überlegen: „O.k. liebe Fee, ich möchte gerne weise sein."
Fee: „Na gut. Das ist zwar ein seltsamer Wunsch, aber ich erfülle ihn dir. Gib mir zehn Sekunden."
Nach zehn Sekunden erscheint die Fee noch mal: „So, deine Eltern sind jetzt tot. Was ist dein nächster Wunsch?"

„Papa, hast du gestern noch im Bett mit Mama Weißwurst gegessen?"
„Nö, wieso?"
„Auf dem Nachttisch hab ich noch die Haut gefunden."

**Ich werde nie die ersten Worte meines Sohnes vergessen: „Wo warst du die ganzen 16 Jahre?"**

**Sohn:** „Mami, Mami!
Vater hat sich auf dem Dachboden aufgehängt."
**Mutter:** „Waaaaaas?"
**Sohn:** „War nur Spaß.
Er hängt in der Garage."

**Idealgewicht einer Schwiegermutter: 1,2 Kilo mit Urne!**

Fritzchen geht mit
seiner Mutter in den Zoo.
Fritzchen: „Schau mal
Mami, da schwimmt ein
Finger im **Haibecken**. ...
Mama? Mama?!?!!!!!“

„Papa? Was ist **Transgender**?“
„ Das weiß ich nicht so genau, aber
frag doch mal Tante Detlef.“

Da wollte ich meiner kleinen
Schwester mal eine Freude
machen und hab ihr ein
**Trampolin** gekauft. Nur, was
macht die blöde Kuh? Sitzt im
Rollstuhl daneben und heult!

**Fritzchen bringt Opa ein Büschel Gras.**
**Dieser: „Was soll das?"**
**Fritzchen: „Papa meinte, dass wir mal viel Geld bekommen, wenn du ins Gras beißt!"**

Als ich noch ein kleiner Junge war, sagte mein Vater zu mir: „Egal, was passiert, mach niemals die Kellertür auf!"
Mein Vater war immer sehr gut zu mir. Er gab mir zu essen und kümmerte sich nachts um mich, wenn ich mal wieder nicht allein sein wollte. So folgte ich jahrelang seiner Anweisung.
Doch eines Tages übermannte mich einfach die Neugier. Ich ging zur Kellertür und öffnete sie langsam. Ich konnte nicht glauben, was ich zu Gesicht bekam:
Da waren Sonnenschein, grüne Wiesen, ein blauer Himmel ...

KEIN SCHULABSCHLUSS.
KEINE AUSBILDUNG.
UND TROTZDEM SCHAFFE ICH ES GANZ NACH OBEN!

„Mami, warum sterben in unserer Familie die Leute immer so plötzlich?" ... „Mama?"

„MAMA?"

Der Sohn beschimpft seine Mutter als Schlampe. Die Mutter geht zum Vater und sagt wütend: „Unser Sohn hat mich Schlampe genannt!" Der Vater sagt: „Jetzt knöpfen wir uns den Hurensohn vor!"

**„Mami, Mami, warum läuft Opa zick zack im Garten?" – „Sei ruhig Kind, und lad nach!"**

„Boah, ist das Mädchen da drüben hässlich!"
„Das ist mein Sohn."
„Oh, Entschuldigung, ich wusste nicht, dass Sie der Vater sind."
„Ich bin seine Mutter."

Vater: „Sohn, ich habe all dein Spielzeug dem Kinderheim gespendet."
Sohn: „Warum hast du das gemacht?"
Vater: „Damit dir dort nicht zu langweilig wird."

**„Du Opi, hast du eigentlich eine Lebensversicherung?"**
**„Nein, habe ich nicht."**
**„Und warum nicht?"**
**„Damit ihr auch alle schön traurig seid, wenn ich mal sterbe."**

Kleiner Ralf bekommt einen Anruf: „Hallo, ich bin's, hol mir mal Mami ans Telefon." – „Die kann gerade nicht. Sie liegt mit einem **anderen Mann** im Bett."
„Oh mein Gott. Hol die Axt und hau ihm kräftig eines übers Dach."
Zehn Minuten später: „O.k., habe ich gemacht und jetzt?"
„Jetzt geh zum Schwimmingpool, hol das große Handtuch und mache das Blut weg."
„Wir haben gar kein Swimmingpool."
„Verzeihung, falsch verbunden!"

**„Mami, darf ich die ganze Schüssel auslecken?"**
**„Nein Hans, du drückst die Klospülung, wie jeder von uns auch."**

„Mutter, du hast mich angelogen."
„Warum?"
„Du sagtest, dass mein kleiner Bruder ein Engel sei."
„Aber das ist er doch."
„Und warum flog er nicht, als ich ihn vom Balkon warf?!"

Wie nennt man einen Liliputaner mit sieben Kindern?
Fruchtzwerg.

„Mama, der Weihnachtsbaum brennt."
„Ach Kind, das heißt, der Tannenbaum leuchtet."
„Ok, Mama. Jetzt leuchten die Vorhänge auch."

# KINDER

Was ist schlimmer als **zehn Kinder** in einem Mülleimer?

Ein Kind in zehn Mülleimern.

„Mami, Mami, ich will nicht nach **Australien!**“ „Sei still und grab weiter!“

„Ich habe mir endlich so eine **Dachbox** für das Auto geholt. Sehr praktisch, die Kinder hört man kaum noch.“

„Mami, ich will nicht immer im Kreis laufen ...“ – „Sei ruhig! Sonst hau ich dir durch den anderen Fuß auch noch 'nen Nagel!“

Kommt ein Kind zu seinem Vater und fragt:
„Papa, **warum heiße ich** eigentlich Feder?"
Vater: „Weil bei deiner Geburt eine Feder auf deinen Kopf gefallen ist!"
Kommt das zweite Kind zum Vater und fragt:
„Papa, warum heiße ich Schneeflocke?"
Vater: „Weil bei deiner Geburt eine Schneeflocke auf deinen Kopf gefallen ist!"
Kommt das dritte Kind zum Vater.
Vater: „Halt's Maul, Backstein!"

Fritzchen und Paulchen spielen im Zimmer die Sage von **Wilhelm Tell** nach. Paulchen steht mit dem Apfel auf dem Kopf an der Wand, und Fritzchen schießt ihm erst in das rechte, dann in das linke Auge. Da meint Paulchen: „So, ich geh' jetzt nach Hause!" Darauf Fritzchen: „Du Spielverderber! Nur weil ich nicht getroffen habe!" Erwidert Paulchen: „Nein, aber meine Mami hat gesagt, wenn's dunkel wird, soll ich nach Hause kommen."

Ein Entführer und ein kleiner Junge gehen Hand in Hand durch einen finsteren Wald. Sagt der Junge: „Dieser Wald macht mir furchtbare Angst!" Sagt der Entführer: „Was soll ich denn sagen, ich muss nachher alleine nach Hause!"

**Ich hatte eigentlich nie mit Kindern gerechnet ... und dann ... BAM! ... voll auf die Windschutzscheibe.**

**Neun von zehn Schülern finden Mobbing lustig.**

Kinder sind was für Leute, die zu dumm für ein Haustier sind!

(Andreas Czech)

WIE REDEST DU EIGENTLICH MIT MIR?! WENN DAS DEIN VATER WÜSSTE, DER WÜRDE SICH IM GRILL UMDREHEN!!

**Durchsage im Kaufhaus: „Der kleine ‚Verpiss dich, mein Name geht dich gar nichts an' möchte gerne aus dem Kinderparadies abgeholt werden!"**

Mann zu einer Frau: „Hallo, Ihr Sohn hat mich gerade ‚hässliches Schwein' genannt." Daraufhin die Frau: „Ich hab ihm schon so oft gesagt, er soll die Menschen nicht nach Äußerlichkeiten beurteilen."

**Alle Kinder werden geliebt ... außer Hagen, der wird geschlagen!**

Du Schatz, ich hätte ja echt nicht gedacht, dass unser Sohn es mal so weit schaffen würde. – Stimmt. Das Katapult ist wirklich gut. Hol mal unsere Tochter ...

**Was haben Michael Jackson und ein Müllbeutel gemeinsam? – Beide sind aus Plastik und gefährlich für Kinder.**

SORRY, ABER AUF SPINNENGIFT REAGIERE ICH ALLERGISCH.
WOLLEN WIR ES OHNE BETÄUBUNG PROBIEREN?

„Mami, Mami, ich will nicht mehr, mir ist so schwindlig!“ – „Sei still Kind! Das ist doch erst der Vorwaschgang!“

„Schatz, wir müssen warten, bis das Baby weint.“

„Warum denn das?“

„Ich weiß nicht, wo ich es hingelegt habe.“

**„Mama, weißt du, dass alle meine Freunde bereits das neue iPhone haben?“**

**„Sohn, weißt du, dass das Kinderheim unten an der Kreuzung noch Plätze frei hat?“**

Was kann man einem Kind, das keine Arme hat, zu Weihnachten schenken? – Nix, es kriegt das Geschenk eh nicht auf.

**Kevin** liebte es, das Geländer rückwärts runterzurutschen. Doch einmal stand ein Nagel vor, seitdem singt er im Knabenchor.

**Die kleine Mia findet einen Marienkäfer: „Na du kleines Marienkäferchen, du bist aber drollig. Bist du ganz alleine, wo sind denn deine Eltern? Leben sie vielleicht nicht mehr, möchtest du sie im Himmel wiedersehen?" QUETSCH!!!**

„Mama, Mama, alle sagen, ich bin ein hässliches Monster!" – „Nein, mein Kleiner, schließ deine drei Augen und schlaf jetzt bitte ein."

Alle Kinder sitzen um das Feuer. Außer Gitte, die sitzt in der Mitte.

**Was spielen die Kinder in Kriegsgebieten?**
**Wer sucht, der findet, und wer drauftritt, der verschwindet.**

Allen Kindern steht das Wasser bis zum Hals. Außer Rainer, der ist kleiner.

MÖHRE
ODER FÖN!!!

# ARBEIT. BERUFE

„Da leckt man einmal das **Messer** ab, und alle gucken komisch!"

Jens, 32, Chirurg

**Was steht auf dem Grabstein einer Putzfrau? Sie kehrt nie wieder!**

Ein **Lokomotivführer** sinniert im Führerstand über sein Leben nach: „Heute ist einfach nicht mein Tag! ... Zuerst bin ich zu spät aufgestanden ... habe mich beim Rasieren geschnitten ... dann hat mich mein Hund gebissen ... später hat mich meine Frau verlassen, und jetzt kommt mir auf demselben Gleis ein Zug entgegen!"

**Treffen sich zwei in 1000 Metern Höhe. Sagt der eine: „Reparieren Sie Fallschirme?" Der andere: „Nein, Gasleitungen."**

**Was haben Altenpfleger und Archäologen gemeinsam?**
**Sie beschäftigen sich damit alte Knochen zu reinigen.**

**Arbeitnehmer werden begraben, Beamte werden umgebettet!**

Ein Bauarbeiter ist vom Gerüst gestürzt und gestorben. Der Chef sucht einen Freiwilligen, um die Ehefrau zu benachrichtigen. Peter meldet sich sofort und geht los. Nach einer Weile kommt er zurück und trägt einen Kasten Bier auf der Schulter. „Wo hast du das Bier her?“, will der Chef wissen. Peter antwortet: „Ich ging zum Haus des Verstorbenen und begrüßte seine Frau mit ‚Guten Tag, Witwe Maier!‘ Da sagte sie zu mir ‚Ich bin keine Witwe!‘ Darauf erwiderte ich ‚Wetten wir um einen Kasten Bier?‘“

## Was steht auf dem Grabstein eines Mathelehrers? – Damit hat er nicht gerechnet!

„Wie ist denn dein **Chef** gestorben?"
„Wir setzten Pfosten für einen Zaun. Ich hatte den Vorschlaghammer, und er hielt die Holzpfosten mit beiden Händen fest."
So weit, so gut. „Doch dann sagte er: ‚Wenn ich mit dem Kopf nicke, haust du drauf!' Der hat nie wieder genickt."

**Ich sah so zwei Typen im Partnerlook. Ich fragte die, ob sie schwul seien. Dann haben die mich verhaftet.**

**Berühmte letzte Worte des Beifahrers: „Rechts ist frei."**

HÖR AUF MICH:
FRISS KEINE LEUTE
MIT SMARTPHONE.
WHATSAPP
RAUBT DIR DEN
LETZTEN
NERV.

Nur weil ich ein einziges Mal **was fallen gelassen** habe, bin ich gleich meinen Job losgeworden. Also wirklich!

Maria 34, Hebamme

**Soldat fragt den Vorgesetzen: „Herr Hauptfeldwebel, was sollen wir machen, wenn wir auf auf eine Landmine treten?“ Hauptfeldwebel: „Drei Meter in die Luft springen und euch im Gelände verteilen.“**

**„Da knallt man einmal das geilste Mädchen der Klasse, und gleich redet die ganze Stadt darüber…“**

**Heinz (57), Grundschullehrer**

**„Echt nur Opfer bei mir auf der Arbeit."**

Achim, 57, **Unfallchirurg**

**Letzte Worte**
**des Sportlehrers:**
**„Alle Speere zu mir!"**

„Zwei mal neun ist auch achtzehn."

Manni, 42, argumentiert vor Gericht.

**Berühmte**
**letzte Worte**
**eines Postboten:**
**„Braver Hund!"**

Bei einem Jobinterview:
„Was würden deine **Freunde** sagen, welche deine größte Schwäche ist?“
„Ich habe keine.“
„Ach kommen Sie! Jeder hat welche.“
„Ich habe keine Freunde.“

WAS IST **SCHWARZ** UND KLEBT AN DER DECKE?

EIN SCHLECHTER ELEKTRIKER!

# TOD. UNFALL. KRANKHEIT

DAS WAR EHEMANN NUMMER 3. 2 BETTVORLEGER HAT SIE SCHON.

Wie viele Tote gab's beim letzten Bahnunglück? – 67 und ein paar Zerquetschte.

**Welche ist die härteste Droge der Welt? – Das Bahngleis. Ein Zug, und du bist tot.**

Was macht ein Bäcker, der keine Arme und keine Beine hat? – Rumkugeln.

**Durchsage auf der Titanic: „Hiermit nominieren wir alle Passagiere für die Ice Bucket-Challenge!**

**Ich habe im Internet nach „Malaysian Airlines" gesucht, doch dann ist der PC abgestürzt.**

Geht ein Buckliger zum Bäcker und verlangt ein Brot. Sagt der Bäcker: „Schluck doch erst einmal das alte runter!"

**Was ist der Unterschied zwischen Milchreis und einem Epileptiker? Der eine ist mit Zucker und Zimt, der andere liegt im Zimmer und zuckt.**

AUF ST. PAULI WURDE LETZTENS EIN SARG GEFUNDEN. ER KONNTE ABER NICHT GEÖFFNET WERDEN, WAR EIN ZUHÄLTER DRIN!

Zwei **Freunde** treffen sich.
„Hi du! Na, wie gehts dir?"
„Furchtbar, letzte Woche ist meine Frau gestorben."
„Um Gottes Willen! Was hat sie denn gehabt?"
„Ein kleines Einzelhandelsgeschäft und paar Tausend auf der Bank."
„Nein, ich meine, was hat ihr gefehlt?"
„Ein Bauplatz, um das Geschäft zu erweitern."
„Das mein ich doch nicht! An was ist sie gestorben?"
„Ach so! Sie ging in den Keller, um fürs Mittagessen Sauerkraut und Kartoffeln hochzuholen. Auf der Treppe ist sie ausgerutscht, gefallen und hat sich schließlich das Genick gebrochen."
„Das ist ja furchtbar! Und was hast du da gemacht?"
„Nudeln."

„Meine Frau hat sich gestern bei einem **Unfall** beide Beine gebrochen."
„Oh Gott, die Arme..."
„Nein! Die Beine!"

**Zwei Männer sind zu Fuß unterwegs, einer von ihnen stottert. Plötzlich sagt er: „Vorsicht! Sch... Sch... Sch... Schon hineineingetatatatappt!"**

Ein Mann fragt einen Kollegen: „Wie groß wird eigentlich ein **Pinguin**?"
Der Kollege antwortet: „Ungefähr 50 cm."
„Gibt es keine größeren?", fragt der Mann weiter.
„Nun, ein Königspinguin wird ca. 90 cm groß", meint der Kollege.
„Sind das die größten?", will der Mann weiterwissen.
Da ergänzt der Kollege: „Gut, Kaiserpinguine werden bis 1,40 m groß, größere gibt es aber nicht!"
Da atmet der Fragende heftig aus und sagt deprimiert: „Dann habe ich auf dem Weg zur Arbeit doch eine Nonne überfahren!"

**Welches Wort ist falsch und passt nicht zu den anderen? Tripper, Inzest und Monopoly.**
**Antwort: Tripper! Das andere sind Familienspiele.**

Zwei Freunde treffen sich.
A: „Na, wie geht's dir denn?"
B: „Schlecht, meine Firma ist gerade in Konkurs gegangen."
A: „Argh, und sonst?"
B: „Na ja, meine Frau ist mit meinem besten Freund abgehauen."
A: „Ahh ja, und abgesehen davon?"
B: „Mein Jüngster ist von einem Auto überfahren worden."
A: „Das tut mir wirklich leid. Und sonst?"
B: „Mein Haus ist abgebrannt."
A: „Sag mal, gibt es in deinem Leben nichts Positives?"
B: „Oh doch, meinen AIDS-Test."

Mann zum Busfahrer: „Können Sie mir sagen, wie ich am schnellsten zum Friedhof komme?" – „Klar! Legen sie sich einfach vor meinen Bus!"

„Ich kann an einer Hand abzählen, wie oft ich schon in Tschernobyl war."
„Und wie oft warst du da?"
„Sieben Mal."

Hüpft ein Mann im Hochgebirge vor einem Abgrund herum und ruft ständig: „Zweiundzwanzig, trallala!" Kommt ein Wanderer vorbei und fragt, was das soll. „Schauen Sie mal da hinunter!", erwidert der Tänzer. Als der Wanderer dem nachkommt, wird er den Abhang hinuntergestoßen. Der Tänzer singt: „Dreiundzwanzig, trallala!"

**Was macht ein Terrorist im Treppenhaus? Hochgehen.**

ICH HAB DIR GLEICH GESAGT: BLEIB BEI INSEKTEN!
BSSS
PATSCH

Ein zum Tode Verurteilter wird morgens um fünf Uhr geweckt: „Haben Sie noch einen letzten Wunsch?"
„Ja. Ich möchte noch eine Tasse Kaffee trinken."
„Mit Zucker?"
„Um Gottes willen, nein. Ich bin Diabetiker!"

**Treffen sich ein Blinder und ein Tauber. Sagt der Taube: „Ey, ich kann keine Behindertenwitze mehr hören!"**
**Sagt der Blinde: „Das sehe ich genauso!"**

Zwei Skelette wollen Motorrad fahren gehen. Sagt der eine: „Warte mal, ich muss noch was holen."
Nach zwei Stunden kommt er mit einem großen Grabstein wieder.
„Warum hast du so lange gebraucht!"
„Musste noch meine Papiere holen."

Für zwei Snobs kommt der Tag der **Hinrichtung**. Sie stehen vor dem Henker, da sagt der eine zum anderen: „Peinliche Situation, was gibt man dem Mann?"

Was macht ein **Leprakranker** in der Disco?

**Er lässt die Fetzen fliegen!**

**Neulich in der Ukraine. Kommt der Enkel zum Opa und sagt: „Opa, erzähl mir von Tschernobyl!" Daraufhin meint der Opa: „Also gut. Lange, sehr lange ist es her, mein Junge ...", und streichelte dem Kind erst den einen und dann den anderen Kopf.**

**Was macht ein Mann ohne Beine?**

Sackhüpfen.

Was macht ein Leprakranker auf dem Friedhof?

**Ersatzteile suchen!**

**Witze über Rollstuhlfahrer sind voll das No-Go!**

Der 100-Meter-Sprint der siamesischen Zwillinge war spannend! Es war ein wahres Kopf-an-Kopf-Rennen.

Klein Paul und klein Olli sitzen **Weihnachten** zusammen am Tisch. Paul bekommt super viele Geschenke und Olli nur ein paar.
Paul: „Könnte es sein, dass unsere Eltern mich lieber haben als dich?"
Olli: „Könnte es sein, dass du Krebs hast?"

Warum darf ein **Allergiker** Cola und Bier nicht gemischt trinken?
Weil er sonst „colabiert".

Ein Mann hört in seinem Autoradio: „Bitte Vorsicht, **Geisterfahrer!** Auf der A1 rechts fahren, es kommt Ihnen eventuell ein Auto entgegen."
Der Mann ganz verdutzt: „Wie meinen die das, ‚ein Auto'? Hunderte!"

Warum sitzen bei einem Behindertenkonzert die **Glatzköpfe** immer in der ersten Reihe?
Damit die Einarmigen in der zweiten Reihe auch was zum Klatschen haben!

REINE PSYCHOLOGIE: WENN'S WAS UMSONST GIBT, SIND ALLE DABEI!
Eintritt frei

Was sucht ein **Einarmiger** in der Fußgängerzone?

Einen Secondhand-Shop.

Was machst du, wenn dir ein **Leprakranker** die Hand gibt?

Du gibst sie ihm zurück!

Leidest du an **Schlafstörungen**? Dann sieh es einfach von der positiven Seite. Nur noch dreimal schlafen, dann ist Weihnachten.

Treffen sich zwei **Piloten** – 130 Tote.

Wo ist eigentlich der nervige **Nachbar** geblieben, von dem du mir erzählt hast? Ich sehe ihn gar nicht mehr."
„Der ist im Garten."
„Wo denn?"
„Also man muss schon ein bisschen graben."

Was ist der **Unterschied** zwischen
KLATSCH! „Ahhhhh!!!"
und „Ahhhhh ..." KLATSCH!

**Antwort:** Ein Sturz aus dem ersten und einer aus dem zehnten Stock.

**„Mami, Mami, ich habe immer noch Kopfschmerzen."**

**„Mein Kind! Bitte geh doch endlich von der Dartscheibe weg!"**

# EHE. LIEBE. BEZIEHUNGEN

Der beste Weg über jemanden hinwegzukommen, ist per Panzer.

Der **Witwer** zum Pfarrer: „Ich möchte meine Frau auf dem Bauch liegend begraben lassen."
„Warum denn das, mein Sohn?"
„Sollte sie nur scheintot sein, gräbt sie nach unten."

SCHWANGERE FRAU ZUM METZGER: „ICH BEKOMME DREI KILO GEHACKTES."
DARAUF DER METZGER: „SACHEN GIBT'S!"

Treffen sich nach langer Zeit zwei Freunde auf einer **Party**. Fragt der eine den anderen: „Na, wie geht's?" Darauf der andere: „Es geht so, lebe gerade in Scheidung."

„Warum das?", fragt der andere.

Dann fängt der Freund an zu erklären: „Meine Frau sagte zu mir, dass wir schon seit sechs Monaten keinen Sex mehr gehabt hätten."

„Aber das ist doch noch kein Grund für Scheidung", sagt der andere.

„Na ja, leider hab ich ihr mit ‚Du vielleicht!' geantwortet."

**Frage an Siri:**

**Wieso bin ich schon so lange Single?**

**Siri aktiviert die Frontkamera.**

DU LEBST?
ES GEHT DAS GERÜCHT UM, DU HÄTTEST INS GRAS GEBISSEN.
WARUM NICHT?

**Mann am Grab seiner kürzlich verstorbenen Ehefrau. Plötzlich eine Hand aus dem Erdreich und eine Stimme, die schreit: „Hilfe, ich wurde lebendig begraben!“ Er schaut sich um, tritt die Erde wieder fest und murmelt vor sich: „Ja Schatz, aber nicht sonderlich gut!“**

Manfred liegt im Sterben. Seine Frau sitzt auf der Bettkante. Er schaut hoch und sagt ganz schwach: „Ich muss dir etwas **beichten**.“ „Das muss nicht sein“, sagt seine Frau. „Doch! Ich bestehe darauf, ich will meinen Frieden machen. Ich habe mit deiner Schwester, deiner besten Freundin, ihrer Freundin und deiner Mutter geschlafen!“ „Aber das weiß ich doch längst“, sagt sie sanft, „jetzt bleib ruhig liegen, damit das Gift wirken kann.“

Ein Ehepaar beschließt dem Winter in Deutschland zu entfliehen und bucht eine Woche **Urlaub in der Südsee.** Leider kann die Frau aus beruflichen Gründen erst einen Tag später fliegen als ihr Mann. Der Ehemann fährt wie geplant. Dort angekommen bezieht er sein Hotelzimmer und schickt seiner Frau sogleich eine Mail.
Blöderweise hat er sich beim Eingeben der E-Mail-Adresse vertippt und einen Buchstaben vertauscht. So landet die E-Mail bei einer Witwe, die gerade von der Beerdigung ihres Mannes kommt.
Als ihr Sohn das Zimmer betritt, sieht er seine Mutter bewusstlos zusammensinken. Sein Blick fällt auf den Bildschirm, auf dem zu lesen steht:
AN: Meine zurückgebliebene Frau
VON: Deinem vorgereisten Gatten
BETREFF: Bin gut angekommen.
Liebste, bin soeben angekommen. Habe mich hier bereits eingelebt und sehe, dass für Deine Ankunft alles schon vorbereitet ist. Wünsche Dir eine gute Reise und erwarte Dich morgen.
In Liebe, Dein Mann.

PS: Verdammt heiß hier unten!

KONTAKTANZEIGE:
**„Sechsfache Witwe sucht vertrauensvollen Ehemann. Hobbys: Pilze im Wald sammeln, Kochen."**

Wenn man mit jemandem **Schluss machen** möchte:
„Soll ich dir einen Zaubertrick verraten?"– „Ja."
„Abrakadabra - Pufffff, du bist Single."

Ich habe den Rettungssanitätern die falsche **Blutgruppe** für meine Ex-Freundin genannt. Jetzt wird sie am eigenen Leib erfahren, wie es sich anfühlt, abgelehnt zu werden.

**Du bist das Beste, was mir je passiert ist. – Ach du Scheiße!**

Ich dachte, ich bleibe ewig Single. Doch jetzt endlich habe ich mich mit jemandem verabreden können. Ich freu mich schon so sehr auf den 30. Februar.

**„Du Ferkel, du hast mit meiner Frau geschlafen. Dafür wirst du bezahlen!" „Nö, ich bezahl doch nicht noch mal."**

Zwei Freunde unterhalten sich: „Sag mal, wie ist deine Frau eigentlich so im Bett?" – „Ach weiß nicht so recht, die einen sagen so und die anderen sagen so."

NA, DU OPFER!

Was ist der Unterschied zwischen
Jesus und Casanova? –
Der Gesichtsausdruck
beim Nageln.

Ein Pärchen **beim Sex**. Sie fängt an zu stöhnen: „Ja, gib's mir. Sag mir dreckige Sachen!" Er: „Küche, Bad, Wohnzimmer..."

**In der Apotheke.**
**„Eine Schachtel Kondome, bitte."**
**„Gerne. Das macht dann 3,99.**
**Möchten Sie auch eine Papiertüte?"**
**„Nein, sie ist eigentlich**
**ganz hübsch."**

# POLITIK

„**Politik** ist die Kunst, mit allen geeigneten Mitteln stets den eigenen Interessen gemäß zu handeln."

Friedrich der Große

## Wie war die Stimmung in der DDR? – Sie hielt sich in Grenzen!

Der amerikanische Präsident Ronald Reagan sitzt sehr schwermutig im Weißen Haus. Vor wenigen Minuten ist die Challenger explodiert.
Aus dem Außenministerium wird ihm gemeldet:
„Die Franzosen haben ihr Beileid ausgesprochen.
Die Deutschen haben ihr Beileid ausgesprochen."
Reagan hebt den Kopf: „Und die Russen, haben die auch ihr Beileid ausgesprochen?"
– „Ja, Herr Präsident, bereits zwei Stunden vor der Explosion."

FRESSEN UND GEFRESSEN WERDEN, DAS IST DER EWIGE LAUF DER NATUR!
SCHÖN GESAGT.

**In Bagdad** werden die acht Doppelgänger von Saddam Hussein in einem Bunker zusammengerufen. Ein General verkündet: „Ich habe eine gute und eine schlechte Nachricht für euch. Die gute: Saddam lebt! Die schlechte: Er hat einen Arm verloren!"

WARUM IST DIE BANANE KRUMM? – SIE MUSSTE IMMER EINEN BOGEN UM DIE DDR MACHEN.

Osama bin Laden und George W. Bush spielen Schach. Wer gewinnt? – Osama bin Laden, denn Bush fehlen zwei Türme.

# MÄNNER & FRAUEN

Wann ist ein Mann einen Euro wert? – Wenn er einen Einkaufswagen schiebt!

**„Hallo, ich hätte gerne Wurst von der fetten, groben." – „Tut mir leid, die hat heute Berufsschule."**

Eine Frau sitzt auf einer Bank, starrt in die Donau und sagt immer wieder: „Sensationell! Sensationell! Sensationell!" Kommt ein Passant vorbei, wundert sich und fragt: „Entschuldigung, meine Dame, aber wieso sagen Sie ständig ‚Sensationell'?" Antwortet der Mann: „Sensationell! Gestern hab ich meinem Mann das Schwimmen beigebracht, und heute taucht er schon eine Stunde lang!"

**„Küss mich noch einmal, und ich gehöre dir für immer“, haucht sie zärtlich. Darauf er: „Danke für die Warnung.“**

Ein Besoffener rempelt eine Frau an: „Mensch, sind Sie aber hässlich!“ Die Frau wendet sich angewidert ab: „Ach was, Sie sind ja sternhagelblau!“ – „Richtig, aber ich bin morgen wieder nüchtern!“

**Eine Frau lässt ihren Mann, der ein ganzes Eheleben lang fremd gegangen ist, zur Strafe nackt beerdigen. Nach einer Woche tut es ihr leid, und sie lässt den Sarg wieder exhumieren und öffnen. Doch er ist leer! Drin liegt nur ein Zettel, auf dem steht: *„Du wirst es nicht fassen, ich kann es nicht lassen! Bin drei Gräber weiter bei der Frau Reiter!“***

HALLO SÜSSER, WIR SIND SCHWARZE WITWEN UND FRESSEN NACH DEM LIEBESAKT DAS MÄNNCHEN AUF!
HILDE, FALL NICHT IMMER MIT DER TÜR INS HAUS!

Wie viele Männer braucht man, um einen Raum zu tapezieren?
Kommt auf die Dicke der Scheiben an.

**Es regnet schon seit Tagen. Meine Frau ist total deprimiert. Sie schaut ständig durchs Fenster. Wenn das so weitergeht, muss ich sie reinlassen.**

Was ist frech?
– Wenn man zu einer schwangeren Frau sagt: „Hallo zusammen."
Und was ist pervers?
– Wenn man beiden die Hand gibt.

Jack the Ripper konnte Frauen echt gut aufreißen.

Gott hat Frauen die **Geburt** gegeben, damit sie sehen können, wie hart es ist, wenn ein Mann erkältet ist.

„Ich suche schon seit Jahren den **Mörder** meiner Frau."
„Um Himmels willen. Ihre Ehefrau wurde ermordet?"
„Nein. Du hast mich falsch verstanden.
Ich sagte, ich suche noch!!!"

Was haben Männer mit **Hunden** gemeinsam?
Kaum streichelt man sie, schon wedeln sie mit dem Schwanz.

**Was hängt im Baum und ist schwarz? – Ein Spanner nach 'nem Waldbrand.**

Mein Freund ist so hässlich, ich kippe mir selbst immer die K.O.-Tropfen ins Getränk.

Männer sind wie Bananen. Je älter sie werden, desto matschiger werden sie.

Wurde gestern aus der **Bibliothek** geschmissen, weil ich ein Buch über Frauenrechte in die Fantasy-Abteilung gelegt habe.

Ein Mann, der seine Frau umbringen will, geht in die **Apotheke** und verlangt Zyankali.
Der Apotheker: „Tut mir leid, ich kann Ihnen das nicht einfach so rausgeben."
Der Mann holt ein Bild von seiner Frau aus dem Portemonnaie.
Darauf der Apotheker: „Verzeihung, ich wusste nicht, dass Sie ein Rezept dabeihaben."

Was hat ein **Mann** ohne Beine?
Eier aus Bodenhaltung.

**Was passiert, wenn ein Mann bis zum Bauchnabel im Wasser steht?**

**– Das geht über seinen Verstand!**

**Wie kann man das Ego eines Mannes in nur drei Worten ruinieren?**

**– „Ist er drin?"**

Frau stöhnt voller Schmerzen auf der Geburtsstation.

Er: „Es tut mir so leid, mein Engelchen, dass du das durchstehen musst."

Sie: „Mach dir keinen Kopf. Du kannst ja nichts dafür."

**In jedem Mann steckt etwas Gutes. Und wenn es nur das Küchenmesser ist!**

Was ist ein Mann in Salzsäure? – Ein gelöstes Problem.

Ich bin mal mit meiner **Freundin** in den Bergen wandern gegangen. Auf einmal griff uns ein Braunbär an. Der Bär war wirklich wild. Zum Glück hatte ich meine 9-mm-Pistole dabei. Ein Schuss in die Kniescheiben meiner Freundin reichte aus. Ich konnte ganz bequem zum Auto gehen.

**Was ist ein Mann zwischen zwei Frauen? – Eine Bildungslücke.**

MAUSETOT.
SUPER KALAUER ...

**Wieso haben Männer ein reines Gewissen? Weil sie es noch nicht benutzt haben.**

„Meine Frau hatte neulich so hohes Fieber, ich musste sie in die Küche tragen, damit sie mein Frühstück macht."

Die Frau zu ihrem **arbeitslosen Mann**: „Hier in der Zeitung steht, dass die Polizei einen Mann sucht, der Frauen belästigt. Wäre das nichts für dich?"

# ÄRZTE

Oma, **schwerhörig**, beim Arzt.
Arzt: „Sie haben Thrombose."
Oma: „Wie bitte?"
Arzt: „Throoombooseee!"
Oma: „Ah ja..."
Arzt: „Das muss man operieren."
Oma: „Wie bitte?"
Arzt: „Ooopeeeriiiereeen!"
Oma: „Ah ja..."
Arzt: „Kostet viel Geld."
Oma: „Wie bitte?"
Arzt: „Viiiel Geeeld!"
Oma: „Ah ja..."
Daheim fragt Opa: „Und, was hat der Doktor gesagt?"
Sie: „Er hat gesagt, ich hab einen Traumbusen, den müsste man fotografieren, dann bekomm ich viel Geld."

Berühmte letzte Worte des Sprengmeisters?

„Ja, es ist der rote Draht."

„Herr Doktor, Herr Doktor! Ich habe einen **Knoten** in der Brust!"
„Aber wer macht denn so was?!"

„Sie müssen beim Ausfüllen des **Totenscheines** mehr Sorgfalt walten lassen", mahnt der Chefarzt den jungen Assistenten. „Sie haben schon wieder in der Spalte „Todesursache" Ihren eigenen Namen eingetragen."

Arzt am Sterbebett: „Ihre Ehefrau gefällt mir gar nicht."
„Ja, mir auch nicht, aber es wird ja nicht mehr lange dauern, oder?"

Ein Mann liegt auf der Intensivstation, an vielen Schläuchen angeschlossen. Da besucht ihn ein Pfarrer. Plötzlich fängt der Mann zu keuchen an. Da er nicht sprechen kann, bittet er in Zeichensprache um einen Stift. Er kritzelt auf einen Zettel einen Satz und stirbt. Der Pfarrer denkt sich: „Das geht mich nichts an!", und bringt den Zettel der Frau des Verstorbenen. Die liest und fällt in Ohnmacht. Da nimmt der Pfarrer den Zettel und liest: „Du Idiot, geh von meinem Schlauch runter!"

Zwei Ärzte treffen sich um Mitternacht auf dem Friedhof. Meint der eine: „Hallo, Herr Kollege, machen Sie auch Inventur?“

Fragt der Patient: „Steht es schlimm um mich, **Herr Doktor?**“
Doktor: „Also eine Langspielplatte würde ich mir an Ihrer Stelle nicht mehr kaufen.“

Kommt ein Mann im weißen Kittel ins Krankenzimmer und fragt den Patienten: „Wie groß sind Sie denn?“
Patient: „1 Meter 80, Herr Doktor.“
Mann: „Ich bin nicht der Doktor, ich bin der Schreiner.“

**Wie wurde der Zahnarzt zum Gehirnchirurgen?**
**– Er ist abgerutscht.**

Beim Arzt:
„Sie sind so übergewichtig, dass Ihr Herz bereits Schaden genommen hat. Wenn Sie nicht etwas ändern, gebe ich Ihnen noch 6–12 Monate zu leben."
„Oh, nein!"
„Aber keine Sorge, wir kriegen das mit einer kalorienreduzierten Ernährung schnell wieder hin."
„Ohhhh, neeeinnnnn!!!!"

**Mein Psychiater meinte, ich soll das machen, was mich beruhigt und Spaß macht. Das habe ich gemacht. Die Frage ist nur, wie krieg ich all das Blut aus meiner Kleidung?**

Sagt der Arzt zum Patienten: „Welche Nachricht möchten Sie zuerst hören: Die gute oder die schlechte?
„Die schlechte, bitte", antwortet der Patient.
Sagt der Arzt: „Ich habe Ihnen leider den falschen Fuß amputiert."
„Und die gute?", erwidert der Patient.
Sagt der Arzt: „Dort draußen steht jemand, der will Ihre Schuhe kaufen!"

WARUM SCHLUCKST DU DEINEN WURM **LEBENDIG** HERUNTER?
ICH MACH EINE DARM-SPIEGELUNG.
ALLES IN ORDNUNG!

**Doktor** zum Patienten: „Ich habe eine gute und eine schlechte Nachricht. Die schlechte Nachricht ist, dass Sie AIDS haben."
Patient: „Und was ist dann die gute Nachricht?"
Doktor: „Sie haben auch Alzheimer."
Patient: „Was soll daran gut sein?"
Doktor: „Bis Sie zu Hause ankommen, haben Sie das mit dem AIDS bereits wieder vergessen."

Patient: „Doktor, **wie lange** habe ich noch zu leben?"
Doktor: „Zehn."
Patient: „Wie zehn? Zehn Monate, Wochen, Tage?"
Doktor: „Neun, …"

Doktor zum Patienten: „Sie sind so gesund, dass Sie bestimmt **80** werden."
Patient: „Aber ich bin doch schon 80."
Doktor: „Sehen Sie, ich habe Ihnen doch gesagt, mit dem Rauchen aufzuhören."

Arzt im **Krankenhaus** zum Patienten: „Ich habe eine gute und eine schlechte Nachricht."
Patient: „Okay, ich will zuerst die gute Nachricht hören."
Arzt: „Nach Ihnen wird ein Bett frei."

„Bitte Herr Doktor, wo bringen Sie mich nur hin?"
„Ins Leichenschauhaus."
„Aber ich bin doch gar nicht tot."
„Wir sind ja auch noch nicht da."

Doktor: „Ich habe eine gute und eine **schlechte Nachricht**. Welche möchten Sie zuerst hören?"
Patient: „Die gute."
Doktor: „Ich wollte Ihnen mitteilen, dass Sie nur noch eine Woche zu leben haben."
Patient: „Und die schlechte?"
Doktor: „Ich versuche Sie seit einer Woche zu erreichen."

# ALTER. ALTE

Was ist 20 Meter lang und stinkt nach Pipi? – Eine Polonaise im Altenheim.

**„Oma, wieso stöberst du immer in den Todesanzeigen?“**
**„Kindchen, ich möchte nur wissen, wer wieder Single ist.“**

Treffen sich zwei Alzheimerkranke. Sagt der eine zum anderen: „Ich hol mir jetzt ein Eis. Willst du auch eins?“ Sagt der andere: „Ja, gern! Zwei Kugeln, Vanille und Schoko. Schreib es dir auf, sonst vergisst du es.“ – „Nein, das kann ich mir merken.“
Nach fünf Minuten kommt er mit zwei Bratwürsten wieder. Sagt der andere: „Oh, zwei Bratwürste! Wo ist der Senf?“ – „Mist, den hab ich vergessen!“ – „Und ich sag noch, du sollst es dir aufschreiben!“

Ein **Kaspertheater** gastiert in einem Seniorenheim. Der Kasper fragt traditionsgemäß: „Seid ihr alle da?" Die Alten antworten laut im Chor: „Jaaaa!" Da sagt der Kasper: „Aber nicht mehr lange!"

Ich werde die **letzten Worte** meines Großvaters nie vergessen: „Hör endlich auf mit dem Flitzebogen auf mich zu zielen."

„Mami, dürfen wir jetzt gleich **mit Oma spielen**?" „Nein Kinder, der Sarg bleibt zu."

Ein **alter Opa** zum anderen: Ich fühle mich wie neu geboren. Kaum Haare, keine Zähne, und in die Hose pinkel ich auch.

Hat sie **Krampfadern**?
Nein, Alzheimer. Sie hat sich den Heimweg tätowieren lassen.
(Andreas Czech)

**Eine Oma beim Arzt: „Wo ist eigentlich das Herz?“
Arzt: „2 cm unter den Brustwarzen.“
Nächsten Tag in der Zeitung: „Frau wollte Selbstmord begehen und schoss sich ins Knie.“**

**Als kleiner Junge sagten meine Verwandten auf Hochzeitsfeiern immer zu mir: „Du bist der Nächste.“ Jetzt habe ich den Spieß umgedreht und mache dasselbe auf Beerdigungen. Bin dann aber der Einzige, der lacht.**

Fritzchen zum Freund: „Mein Opa ist gestorben.“
Freund: „Wieso das denn?“
Fritzchen: „Er hat sich mit dem Hammer auf den Daumen gehauen.“
Freund: „Daran stirbt man doch nicht!“
Fritzchen: „Ich weiß, aber als er nicht aufhören wollte zu schreien, mussten wir ihn erschießen.“

# TIERE

**Was sagt ein Hai, nachdem er einen Surfer gefressen hat? – „Nett serviert, so mit Frühstücksbrettchen!"**

Wie bekommt man eine **Katze** zum Bellen? – Benzin über sie schütten und anzünden: Wuff! Und wie bekommt man einen Hund zum Miauen? – In die Gefriertruhe stecken und dann mit einer Kreissäge durchsägen: Miiiaaauuu!

**„Wie findest du Maulwürfe?" – „Bewegungsmelder, Nachtsichtgerät ..." „Nein, ich meinte, was du gegen Maulwürfe hast?!" – „Chinaböller, Tellerminen, Handgranaten..." „Sag mal, machst du dir denn gar nichts aus den armen Tieren?" – „Doch! Handschuhe, Lampenschirme..."**

KOMM ENDLICH INS WASSER, DU BIST LÄNGST GAR!

Was ist schwarz, weiß und rot? – Ein Pinguin mit Sonnenbrand.

**Was ist eine Schnecke, bevor sie gegessen wird? – Völlig aus dem Häuschen.**

Ein Mann wird in der Steppe plötzlich von einem Rudel Löwen eingekreist. In seiner Verzweiflung setzt er sich hin und beginnt Mundharmonika zu spielen.
Und tatsächlich: Die Löwen gruppieren sich um ihn und hören interessiert zu.
Einer, der neu hinzukommt, geht auf den Mann zu und verschlingt ihn. Stupst einer der Löwen seinen Nachbarn an und meint: „Was habe ich dir gesagt, wenn der Taubstumme kommt, ist die Show vorbei."

Was bekommt man, wenn man einen **Pitbull** und einen **Collie** kreuzt? – Einen Hund, der dir ein Bein abbeißt und dann Hilfe holt!

„Sieh mal, ich habe deinem **Hamster** das Tanzen beigebracht!" – „Ja super! Nimm das Tierchen jetzt bitte wieder von der Herdplatte."

Anscheinend lassen ca. 30% der Haustierbesitzer ihre Tiere bei sich im Bett schlafen. Das hab ich dann auch mal ausprobiert. Mein **Goldfisch** ist jetzt tot!!

Welches **Tier** hat vier Beine und einen Arm? – Ein Pitbull auf dem Kinderspielplatz.

**Wie heißt ein Hund ohne Beine? – Ist doch egal, wie so ein Hund heißt. Wenn man ihn ruft, kommt er sowieso nicht!**

Haifisch-Papa und Haifisch-Sohn unterhalten sich: „Wenn du einen Menschen im Wasser siehst, dann musst du ihn erst ein paar Mal umkreisen, bevor du ihn essen kannst."
„Aber Papa, warum muss ich den Menschen umkreisen? Kann ich den nicht sofort essen?"
„Könntest du, aber dann ist ja noch die ganze Kacke drin."

**Mann kommt nach Hause. Seine Ehefrau: „Haben Zitronen eigentlich Flügel?"**
**Mann: „Nein, warum?"**
**Frau: „Dann habe ich wohl den Kanarienvogel in den Tee gedrückt."**

# ANDERE LÄNDER

**Alle 60 Sekunden vergeht in Afrika eine Minute.**

Ein Bergführer in Österreich sagt zu den Touristen: „Der nächste Grat am Felsen vorbei ist sehr steil und gefährlich! Halten Sie sich gut fest, und passen Sie auf! Wenn Sie trotzdem abstürzen sollten, vergessen Sie nicht nach links zu schauen, dort ist die Aussicht besonders schön!"

Was sagt ein Terrorist auf Hawaii? – Aloha Akbar.

WIESO LEBEN INUIT EIGENTLICH SO LANGE? – SIE KÖNNEN NICHT INS GRAS BEIßEN.

Warum sieht man so wenig Schwarzafrikaner auf Kreuzfahrtschiffen nach Amerika? – Die fallen halt nicht noch mal drauf rein!

**In welchem Urlaubsort wird am meisten geflucht? – Tourette de Mare.**

Was ist der Unterschied zwischen Joghurt und Amerika? – Wenn man Joghurt 200 Jahre lang allein lässt, entwickelt sich eine Kultur!

**Es ist interessant, wie in den verschiedenen Sprachen der Welt man für Hunde andere Laute macht. In den USA macht der Hund woof woof, in Deutschland wau wau, in Tschechien haff haff, in Holland blaf blaf und in China bruzzel bruzzel.**

WIE MAGST DU SIE AM LIEBSTEN? KNUSPRIG BRAUN, MEDIUM ODER ENGLISCH?

# ESSEN & TRINKEN

Was bekommt der **Kannibale**, wenn er zu spät zum Essen kommt? – Die kalte Schulter.

Ein Tropenforscher wird von **Kannibalen** gefangen. Doch der Kannibalenhäuptling beruhigt ihn: „Wir sind ein zivilisierter Stamm, der seit Jahren Entwicklungshilfe bekommt. Sie kommen nicht in den Kochtopf." Der Forscher atmet erleichtert auf.
Häuptling: „Sie kommen selbstverständlich in die Mikrowelle!"

**Ein Kannibale zum anderen: „Ich leide so schrecklich an Darmträgheit." Daraufhin der andere: „Kein Wunder. Du solltest mal aufhören so viele Beamte zu essen."**

**Schwarzer Humor ist wie Essen – Hat nicht jeder.**

**Eine Tomate zur anderen: „Vorsicht, da kommt ein Elkawaaaaatschhhh"**

**Wie nennen Kannibalen Skelette? – Leergut.**

Was machen Kannibalen aus Medizinern? – Hot Docs.

Ein Mann ist letztens an einem Pfannkuchen erstickt. Er ist im wahrsten Sinne des Wortes crêpiert.

**Was bestellt der Kannibale im Restaurant? – Den Kellner.**

Ich kann auch ohne Spaß Alkohol haben.

(Andreas Czech)

**Skelett** im Supermarkt.
Fragt der Verkäufer: „Was suchen Sie?"
Antwortet das Skelett: „Die Fleischabteilung."

War gerade in der **Drogerie**. Zuerst habe ich mich ein bisschen gewundert, dass die Intimdeos mit Zitronenduft verkaufen. Aber dann ist mir eingefallen, dass Zitrone perfekt zu Fisch passt.

# ANDERE GEMEINHEITEN

III

Was braucht man für die Wiedervereinigung der Beatles? – Eine Pistole und zwei Patronen.

„Ist noch Platz für weiteren Müll im Auto?“, fragt eine Frau die Müllmänner. „Ja, wir haben noch Platz, also steig ein …“

Was macht man, wenn man auf der Autobahn nicht mehr weiß, wo man ist? – Umdrehen und das Radio anmachen.

Am Urinal:

**Tritt näher, er ist kürzer, als du denkst.**

Gehen zwei Bomben in den Keller. Sagt die eine zur anderen: Lass mal hochgehen.

**Wie begrüßen sich zwei Emos? – Mit offenen Armen!**

Chuck Norris schlägt immer nur einmal zu. Der zweite Schlag wäre Leichenschändung.

**Zwei Liliputaner an der Bar: „Zwei Kurze!" – Darauf der Barmann: „Das sehe ich selbst, aber was wollt ihr trinken?"**

„Angeklagte, Sie bestreiten also nicht, Ihren Mann während der Fußballübertragung erschossen zu haben?"
„Nein, Herr Richter."
„Was waren seine letzten Worte?"
„Schieß doch! Schieß doch endlich, du alte Pfeife!"

„Ich lasse mir nichts vormachen! Ich **glaube** nur, was ich sehe!", sagte der Blinde.

Die **Nachbarn** schimpfen, weil gestern Nacht jemand in den Flur gekotzt und alles verschmiert hat. Ich schimpfe mal mit. Ist am unauffälligsten.

GLEICH GEHT'S RUND.

Was ist der Unterschied zwischen einem **Emo** und einer Pizza? Die Pizza schneidet sich nicht von selbst.

**Morgenstund'**
**hat Pelz im Mund!**

(Andreas Czech)

**Im Kaufhaus. Kundin: „Ich hätte gerne einen Badeanzug, der meine Fettpölsterchen kaschiert." Verkäuferin: „Schlafsäcke finden Sie im 3. Stock."**

Ich wurde gerade von den Nachbarskindern zu einer **Wasserschlacht** herausgefordert. Ich putz mir nur noch schnell die Zähne, und sobald das Wasser fertiggekocht hat, kann es losgehen.

**An die Frau, die immer nachts so laut an meine Tür klopft: „Tut mir leid, ich lass dich nicht raus."**

Mein Kollege erzählt mir neulich am Telefon, dass er immer weint, wenn er ganz tief geliebt wird. Ich dachte: „Was für ein Weichei!!" Dann fiel mir aber wieder ein, dass er ja im Gefängnis ist.

**Wenn ich dir schon Frühstück ans Bett bringe, dann möchte ich ein simples „Dankeschön!" und kein „Was zum Teufel machen Sie in meinem Haus?!"**

Man kann einem **Bären** nicht entkommen. Der Bär ist viel zu schnell. Aber zum Glück muss man nur den Dicksten in der Wandergruppe überholen.

Ich hasse es, wenn man bei jemandem **zu Besuch** ist und die dann blöde Fragen stellen, wie z. B. „Wer sind Sie?“, oder: „Ist das eine Pistole?“

„Ich habe dir **Schokoplätzchen** gebacken! Es ist eine Entschuldigung dafür, dass ich dein Auto in Brand gesteckt habe.“
„WAS HAST DU GEMACHT!?“
„Dir Schokoplätzchen gebacken.“

Ein Planet zum anderen: „Oh, so ein Mist, ich habe Menschen.“
Der andere: „Mach dir keine Sorgen. Das geht schnell vorbei.“

# RELIGION

Gänse-
farm
meier
GLAUBST DU EIGENTLICH AN EIN LEBEN NACH WEIHNACHTEN?!

**Was ist der Unterschied zwischen einem evangelischen und einem katholischen Pfarrer? Beim evangelischen Pfarrer hängen die Windeln im Pfarrgarten, beim katholischen im ganzen Dorf.**

„Tut mir leid", sagt Petrus zu dem Enddreißiger am Himmelstor, „aber du musst schon eine gute Tat vorweisen, sonst kann ich dich hier leider nicht reinlassen." Nach kurzem Überlegen sagt der Mann: „Ich hab beobachtet, wie eine Gruppe Rocker einer alten Dame die Handtasche wegnehmen wollte. Da bin ich hingegangen, hab das Motorrad des Anführers umgestoßen, ihm ins Gesicht gespuckt und seine Braut beleidigt." – „Und wann war das?" – „Na ja, so vor etwa vier, fünf Minuten.

**Der Superior sieht eine Nonne im Kreuzgang mit einem Kinderwagen stehen. Fragt er: „Na, Schwester, kleines Klostergeheimnis?" – „Nein, Hochwürden, ein Kardinalsfehler."**

Der Papst trägt sich schon seit längerer Zeit mit Selbstmordgedanken: Es ist für ihn die einzige Möglichkeit, sich beruflich zu verbessern ...

Im alten Jerusalem will eine wildgewordene Masse von Menschen gerade eine Ehebrecherin steinigen. **Jesus** geht dazwischen und hält eine Predigt, die damit endet: „Wer von euch ohne Sünde ist, der werfe den ersten Stein!"
Da fliegt ihm mit voller Wucht ein Stein ins Genick. Jesus dreht sich um und sagt gereizt: „Mutter, langsam nervst du!"

Wann kannst du **Leichen** zum Lächeln bringen?
– An Fronleichnam.

# ZITATE

Erfahrung heißt gar nichts. Man kann seine Sache auch 35 Jahre schlecht machen.
(Kurt Tucholsky)

**Ja, man muss seinen Feinden verzeihen, aber nicht früher, als sie gehenkt wurden.**
(Heinrich Heine)

Du kannst viel Gutes auf der Welt bewirken, indem du einfach den Mund hältst.
(Gertrude Stein)

**Wenigstens dein bester Freund sollte den Anstand haben, erfolglos zu bleiben.**
(Oscar Wilde)

Ein Egoist ist eine Person minderen Geschmacks, die mehr an sich interessiert ist als an mir.
(Ambrose Bierce)

„Es ist erstaunlich, was man alles erreichen kann, wenn man sich nicht darum kümmert."
(Harry S. Truman)

„Diplomatie heißt den Kuchen so teilen, dass die anderen mit den Krümeln zufrieden sind."
(Queen Mum)

**„Das Fernsehen brachte die Mörder zurück in die Wohnungen, da werden sie gebraucht."**
(Alfred Hitchcock)

**Dumme und Gescheite unterscheiden sich dadurch, dass der Dumme immer dieselben Fehler macht und der Gescheite immer neue.**
(Kurt Tucholsky)